AF402568

PLUS DE DROITS

SUR

LES ALCOOLS.

—◦—

APPEL A LA NATION;

Par E. de PINA,

L'un des Secrétaires de l'Association Vinicole du département de l'Hérault.

La liberté des ventes et des achats est seule profitable à tous.

TURGOT.

On ne doit taxer que l'excédant du nécessaire ; taxer le nécessaire, c'est détruire.

MONTESQUIEU.

A MONTPELLIER,

CHEZ TOUS LES LIBRAIRES.

—◦—

1848.

MONTPELLIER,
Typographie de P. GROLLIER,
rue Blanquerie, 1.

PLUS DE DROITS

SUR LES ALCOOLS.

APPEL A LA NATION.

La république ne serait qu'un vain mot, ou elle doit devenir le règne de la liberté et de la justice. Six millions de producteurs français, traités depuis 40 ans comme des parias, réclament l'abrogation des lois d'exception qui les enchaînent et qui les ruinent; trente-six millions de consommateurs demandent à être délivrés des iniquités du fisc, qui ravit au peuple le nécessaire. Inventée et adoptée à l'envi par le despotisme, la monstrueuse législation des droits réunis a été ébranlée à chaque événement de la liberté; 1814 et 1830 lui ont porté de vains palliatifs, 1848 l'a déjà modifiée; mais des demi-mesures ne peuvent suffire aujourd'hui; avec des demi-mesures, comme en 1830, l'État perdra ses ressources sans que producteurs ni consommateurs y gagnent; il faut trancher le mal dans sa racine et, selon nous, rien ne sera obtenu, tant qu'il restera quelque chose debout du plus impopulaire des impôts; 1789 le supprima entièrement, 1848 voudra-t-il faire moins pour les vinicoles et les classes ouvrières?

1848 peut-il nous donner moins que ce que promettait déjà 1830, l'égalité des citoyens, la proportionalité des charges publiques? Le fisc continuera-t-il sa piraterie légale contre les Français; dépouillera-t-il les contribuables en raison inverse de leurs facultés? N'avons-nous toujours à attendre de lui que l'esclavage, la ruine, la misère? Quoi! le vin est la première richesse et la gloire de la France, notre exportation la plus sûre, et le pouvoir le traite comme pourrait faire un ennemi! semblable au sauvage, il coupe l'arbre pour en manger le fruit. Depuis 60 ans, le produit de nos vignobles est tombé de 900 millions à 500, tandis que tous les autres produits de la terre ont doublé au moins; c'est plus de 10 milliards que le fisc a dévorés, outre ses prélévements annuels. Il est temps que la France avise à conserver son vin, le plus beau privilége de son climat et de son sol.

La république, dont la première vertu doit être l'économie, voudra sans doute débarrasser le pays de cette armée de fonctionnaires, dont le nombre ne s'élève pas à moins de 300,000; dès-lors espérons que l'armée des droits réunis doit disparaître, une armée que l'on condamne aux vexations, à la haine, à la corruption, pourquoi la conserver?

Le système entier des impôts doit être changé; nous n'imiterons plus les Anglais qui, spéculant sur la misère, basent leur budget sur les consommations, comme si l'indigent devait être sacrifié, comme si le besoin était le signe de la richesse, comme si celui qui a 300,000 fr. de rente consommait 300 fois plus que celui qui n'a que 1,000 fr. Les contributions indirectes sur le vin, véritable capitation du pauvre, ne sont si productives que parce que, quoi qu'on en dise, elles atteignent ce qui est nécessité; soutiendra-t-on encore qu'elles sont admirables, parce qu'on les paye sans s'en apercevoir et seulement quand on le veut bien? Quelle dérision! Est-on libre de se passer du nécessaire, et si toute l'habileté des gouvernements consiste à prendre l'argent de la nation sans qu'elle s'en doute, pourquoi ne rétablissent-ils pas les jeux et la loterie? La foule, soyons-en sûrs, se disputera pour les payer.

La vie à bon marché, voilà le principe de la régénération sociale; le pain, la viande et le vin, telles sont les trois premières nécessités du peuple. L'agriculture à encore d'immenses efforts à faire pour donner le pain et surtout la viande à un prix constamment bas; mais le vin nous l'avons en abondance, nous pouvons le prodiguer aux travailleurs; et c'est la fiscalité qui, traitant la France en pays conquis, interdit aux sept huitièmes des citoyens de participer aux bienfaits de la nature.

Ils n'ont donc rien appris ces pouvoirs aveugles depuis que l'immortel Montesquieu leur disait : *On ne doit taxer que l'excédant du nécessaire, taxer le nécessaire, c'est détruire;* ils n'ont donc pas vu qu'ils ruinaient à la fois producteurs et consommateurs, qui, *dépouillés* par un impôt désastreux, ne pourraient plus vivifier leurs produits par l'échange et solder un budget toujours croissant.

Et de quel droit le fisc vient-il frapper coup sur coup nos vignes qui ont déjà payé l'impôt direct? Tous les produits de la France n'ont-ils pas droit à une égale protection, et l'impôt sur le sol, n'en affranchit-il pas toutes les denrées brutes? Quelle iniquité! Impose-t-on le blé ou au moins le chanvre, le lin, le foin et les bois? Et encore, dans ces derniers cas, les producteurs peuvent se restreindre selon la demande et faire payer l'impôt au consommateur. Mais devons-nous arracher nos vignes? Dans les années d'abondance, nous sommes fatalement condamnés à payer tout l'impôt, quand la ruine nous vient de l'abondance même, et sur un produit livré à toutes les incertitudes des saisons.

Pourquoi écraser une branche de la production? est-ce parce qu'elle est la plus nationale et une des trois plus utiles? Pourquoi ce singulier privilége? Pourquoi seuls dans le pays n'avons-nous pas le droit d'échanger librement et pour un juste salaire le fruit de notre travail? ou n'imposez rien ou imposez tout, récoltes de la terre et objets manufacturés; l'universalité des contributions peut seule en caractériser l'équité. Nous ne récoltons que pour le fisc; nous cultivons $\frac{1}{26}$ du sol de la France, et en outre de notre part légale nous payons un impôt qui excède la moitié de tout l'impôt foncier.

Le nouveau pouvoir, qui sent le besoin d'être populaire, a commencé à faire droit à nos justes plaintes; mais après avoir été tant de fois abusés nous ne nous contenterons pas d'un changement de mode de perception, d'un simple changement de tyrannie; il nous faut justice complète.

Il est difficile de se faire une idée du despotisme qui depuis 40 ans pèse sur les vinicoles. C'est toute une science mystérieuse et bizarre que cette science de l'injustice. On n'y compte pas moins de 16 espèces de droits; impôt foncier, passavant, acquit-à-caution, droit de mouvement, droit de détail, licence en gros, licence de propriétaire, licence de distillateur, licence de vinage, entrée, droit de navigation sur rivière, sur canaux, décime de guerre, octroi, impôt remplaçant la côte mobilière. Et pour recouvrer tous ces droits, qu'elle armée complète : administrateurs, inspecteurs, directeurs, contrôleurs de comptabilité; contrôleurs ambulants, contrôleurs de ville, commis à pied et à cheval, receveurs buralistes, sédentaires, ambulants, principaux et tous placés entre la tyrannie et la fraude, entre la haine et la corruption.

Arrêtons-nous seulement aux cinq droits principaux : circulation, entrée, détail, consommation, octroi. Dire quel est le plus inique et le plus révoltant serait chose difficile. Le droit de circulation met des entraves au moindre mouvement, assujétit à mille formalités, et, chose incroyable! il augmente à mesure que le vin s'éloigne des pays de vignes, sans doute pour rendre la vente impossible; l'impôt s'élève en raison de l'espace parcouru, n'est-ce pas l'équivalent de ce que ferait un barbare qui détruirait les routes? Les anglais ne font pas autre chose pour empêcher la consommation de nos vins.

Les objets manufacturés ont chez nous des primes d'exportation, mais le vin est repoussé à l'intérieur comme un étranger. Le droit d'entrée est réglé selon la même disposition et pèse uniquement sur les habitants des villes ; étrange privilége qui ôte aux producteurs leurs consommateurs naturels et pour comble d'injustice le droit s'accroît en raison de la population, comme si les plus grandes agglomérations n'offraient pas presque toujours le spectacle des plus poignantes misères. Quant au droit de détail, il réunissait toutes les qualités du genre, servitude, vexations, prime énorme à la fraude et aux falsifications, sacrifice et exploitation du pauvre, taxe progressive sur tous les frais, rendant le vin plus inabordable à mesure qu'il était plus cher et plus éloigné du lieu de production. Nous nous réservons de caractériser le droit de consommation de 1848 presque aussi vicieux, et le droit d'octroi, déprédation digne de la barbarie.

Ainsi ce n'était pas assez de l'injustice générale, l'institution des droits réunis met encore l'injustice dans l'injustice : le propriétaire consomme librement et ne paye que 1|4 du droit de détail ; l'acheteur en gros paye 1 fr. 50 c., quand le pauvre des villes paye 6 fr. 50 c. et celui de Paris, 20 fr. Sur 40 millions d'hectolitres, 15 seulement sont atteints par l'impôt ; 2 millions d'hectolitres fins payent 10 millions ; 13 millions d'hectolitres communs valant au plus 85 millions, payent 115 millions, soit 130 p. 0|0. Ainsi, un vin paye 5 p. 0|0, un autre 100, 200, et jusqu'à 300 p. 0|0 à Paris, et celui qui atteint ce chiffre exhorbitant est naturellement le vin du pauvre.

Que dire aussi d'un impôt qui, au lieu de saisir la richesse, s'accroît à mesure de la gêne du producteur ruiné par l'abondance. Dans une année moyenne, si je récolte

20 hectolitres à 40 fr. (1), en payant 10 fr. d'impôt par hectolitre ou 200 fr., il me reste 600 fr.; dans une année où les prix sont avilis, si j'ai 30 hectolitres à 20 fr., je paye 300 fr. d'impôt, ce qui équivaut à la moitié de la récolte. Ainsi, moins je gagne, plus je paye.

Mais ce n'est pas encore tant les charges énormes du fisc, que ses entraves incessantes qui répugnent à la liberté du commerce et au caractère français. N'était-ce pas assez, par des lois économiques, désastreuses et qui provoquèrent partout de si dures représailles, de nous avoir fermé tous nos débouchés naturels à l'extérieur; fallait-il encore enchaîner chacun de nos pas sur le marché intérieur? L'impôt indirect arrête toute circulation, et la circulation c'est la vie. Au moins les produits étrangers sont libres dès qu'ils ont passé la frontière; mais le vin national est partout soumis à la loi des suspects. Depuis le sol jusques au consommateur le vin est poursuivi comme un poison. Comment n'a-t-on pas compris que la consommation est arrêtée par toute barrière, et que l'impôt que celle-ci perçoit n'est souvent que le dixième des maux qu'elle cause? Et en présence de ce mal, qui chaque jour s'aggrave, verra-t-on enfin qu'il faut en revenir à ce grand principe posé par Turgot : *La liberté des ventes et des achats est seule profitable à tous.*

(1) Prix plus élevé que la moyenne pour les bons vins ordinaires. Mais que dire pour les vins de ce pays-ci qui ne se vendent que de 8 à 10 fr. au plus par hectolitre ?

Mais allons jusqu'au bout dans cette carrière de dé-
prédations : je suis chez moi, je bois une bouteille de
vin qui me revient à 3 ou 4 sous ; l'envie me prend
de voyager, et, en un clin d'œil (quand il y aura des
chemins de fer), me voilà dans une cité grande et su-
perbe : on me sert le même vin et je le paye 15 sous!
Où suis-je? En Chine, chez les cosaques, chez des
sauvages? Non pas, mais dans Paris, la capitale de la
civilisation. C'est là où le français, né malin, s'est in-
génié à opprimer nos vins infortunés ; c'est là où le
vin n'arrive qu'en payant quelquefois jusqu'à 300 pour
cent. Et à qui devons-nous cela? à l'octroi!... Cependant presque toutes les villes se sont donné le même
luxe, entrées, octrois, taxes, surtaxes. 325 communes
de plus de 4,000 âmes ont adopté ces expédients,
1431 communes de 1500 à 4,000 âmes n'ont pas voulu
rester en arrière. Ainsi près de 6 millions de consommateurs naturels nous sont ravis, et en comptant à un
hectolitre par tête, la diminution de la consommation
qui s'ensuit, c'est 150 millions qu'on nous a volés. Espérons que la nation, qui est devenue souveraine, ne se
condamnera pas plus longtemps à l'*eau* qu'au pain sec.

Pour mieux s'introduire dans le monde, l'octroi a
commencé par se dire *Octroi de bienfaisance*, et par
être fort minime ; mais il est à croire qu'aujourd'hui il
envoie encore plus de gens que d'écus à l'hôpital.
Adopté par toutes les villes, sans loi et sans contrôle,
par le pouvoir exécutif, quand le moindre impôt ressort
du pouvoir législatif, variant partout au gré des autorités
capricieuses formant mille états dans l'état, ajoutant son

iniquité à celle des entrées, et imposant par-dessus tout des surtaxes illégales, qui dans certaines villes du nord surpassent quatre fois le droit d'entrée ainsi annulé par elles ; il est le dernier vestige de l'esprit étroit de localité.

S'imaginerait-on que certaines villes aient ainsi trouvé le moyen de rejeter sur les classes ouvrières les cotes mobilières et personnelles ? Il est temps que la légalité se fasse jour, que l'octroi soit centralisé en France et ne forme plus une foule de petites souverainetés, cause permanente de désordres économiques ; il est temps que tous les Français jouissent des mêmes droits puisqu'ils font partie du même État ; que l'on reconnaisse enfin le principe que l'impôt général est exclusif de l'impôt local. Le Nord fait la guerre à nos vins, que dirait-il si nous surtaxions ses lins, colzas, farines, beurres ? Les villes, même celles du Midi nous ruinent pour subvenir à leur luxe, qu'auraient-elles à réclamer si, pour achever nos chemins vicinaux, nous imposions leurs produits manufacturés ? Où finirait l'esprit de division, d'antagonisme et de caste ?

Et un tel impôt qui arrête et fouille les voyageurs à la façon des brigands, qui dépouille même l'État en annulant le produit de son droit d'entrée, coûte 30 % de recouvrement. Grâce à lui l'hectolitre de Bordeaux de 40 fr. ne peut revenir à Paris à moins de 130 fr. Faut-il s'étonner des progrès étranges de la consommation, et si de 148 litres par tête, en 1789, elle est descendue aujourd'hui à 87 litres ? Défalquez 300,000 hectolitres bus par 300,000 étrangers, il reste 60 litres par tête, quand il est évident que la consommation libre irait aisément à 200; c'est plus de 60 millions que perdent les vinicoles. Paris est un gouffre dévorant, Paris donne au trésor 100 millions et lui en mange 400; nous ne voulons pas l'empêcher de manger, seulement nous voudrions qu'il bût un peu... de nos vins.

Des droits si élevés et accumulés équivalent pour nous à la prohibition. Si on les calcule, on voit que nous offririons nos vins pour rien dans les villes du Nord, ils ne pourraient pas être consommés. Lille boit 8,000 hectolitres, Amiens autant; Caen se distingue entre toutes, la consommation par tête y est de 8 litres, tandis qu'elle se monte à 250 litres dans plusieurs villes du Languedoc.

Quels sont les résultats de ces impôts erronés? mille fraudes, mille falsifications, la santé de tous les citadins compromise, l'usage désastreux et croissant des liqueurs fortes, les excès aux barrières, et dans Paris seulement 17,000 individus, abrutis et livrés à une ivresse permanente. Il a été reconnu que dans cette ville un tiers de la consommation, 500,000 hectolitres étaient fabriqués. Ainsi, sur ce seul fait, voilà 10 millions perdus pour le Trésor et la ville, 20 millions pour le producteur volé, 20 autres millions au moins pour le consommateur empoisonné. Belle invention de l'octroi qui coûte 50 millions pour en récolter 10!

Ce n'est pas à nous à indiquer ce qui pourrait remplacer l'octroi. La diminution de dépenses stériles serait le moyen le plus simple; le Trésor pourrait tenir compte aux villes de leurs besoins, ce qui est

conforme aux principes d'égalité de tous les citoyens.
On pourrait aussi recourir à l'*income taxe*, comme en
Angleterre, qui ne connaît pas d'octroi ; à une contri-
bution mobilière, à un droit sur diverses denrées :
gibier, volaille, poisson, poteries, cristaux. Enfin,
s'il s'agit d'embellissements, il est de toute justice de
les demander aux souscriptions des riches et non aux
sueurs du pauvre.

La république ne pouvait être proclamée sans que
l'on s'occupât de réformer un impôt aussi impopulaire
que l'impôt indirect. Mais jusqu'ici on n'a procédé que
par des demi-mesures, on n'a pas osé trancher la
question comme elle devait l'être. Voyons cependant
ce qu'on a fait pour la viande et le sel :

Considérant que la subsistance du peuple doit être
une des premières préoccupations de la république ;

Qu'il importe surtout de diminuer le prix des objets
d'alimentation qui peuvent ajouter aux forces physi-
ques des travailleurs ;

A Paris, les droits d'octroi sur la viande de bou-
cherie sont supprimés, etc. ;

Considérant que les citoyens doivent contribuer aux
charges publiques dans la proportion de leur fortune ;

Considérant que le gouvernement républicain a pour
devoir et pour but de faire prévaloir dans la pratique
cette formule de justice et d'humanité ;

Considérant qu'il est indispensable de supprimer ou
de transformer les impôts qui pèsent plus spéciale-
ment sur les pauvres ;

Considérant que de tous les impôts de consommation, celui du sel est le plus onéreux et le plus inique ;

Considérant que la santé du peuple, la prospérité de l'agriculture, le développement de l'industrie et du commerce en exigent impérieusement l'abolition ;

Voulant réparer à l'égard du peuple une des plus criantes injustices des siècles passés ;

A partir du 1er janvier 1849 l'impôt du sel est aboli.

Eh bien, je le demande, est-ce que les mêmes considérants ne s'appliquent pas exactement à l'impôt du vin?

Prenons l'ouvrier de Paris. Que paye-t-il au Trésor pour le sel ? 6 fr. par an ; et combien d'impôt pour le vin? A $\frac{1}{2}$ litre par jour, 55 fr. ; pour 15 litres d'eau-de-vie, 20 fr. ; en tout 75 fr. Et maintenant combien rapporte l'impôt du sel? 70 millions ; celui du vin? 100 millions. On le voit, si les raisons ne manquaient pas pour le sel, elles n'étaient pas moins fortes pour le vin.

Le ministre a cru beaucoup accorder en décrétant l'abolition du droit de détail et de circulation, et en les remplaçant par un droit général de consommation. Certes; nous applaudissons à cette mesure qui délivre 300,000 débitants de l'affreuse tyrannie de l'exercice ; mais nous devons y applaudir surtout parce qu'elle est un acheminement à l'abolition des trois autres espèces de vol qui ruinent la France, l'entrée, l'octroi et la consommation. Oui, l'arme du fisc est brisée et désormais il doit abdiquer devant la liberté du commerce.

Ce qui reste de ce fatal impôt ne peut manquer d'être détruit comme injuste et impossible à la fois. Le nouveau droit de consommation doit se percevoir au moyen des formalités de la circulation, et selon les circonscriptions territoriales des droits d'entrée ; il équivaut à peu près à trois fois l'ancien droit de circulation ; ainsi, mêmes vices aggravés, mêmes entraves au commerce, vin rendu inabordable justement là où il manque le plus, impôt énorme, souvent de 100 %, sur le vin commun des classes laborieuses, réduction d'une part, augmentation de l'autre. Et maintenant sur 100 millions le Trésor perd 46 millions de droit de détail ; je pense, dit le ministre, que cette perte sera jusqu'à un certain point compensée par la diminution des frais de perception, par l'accroissement de la consommation, et surtout par la diminution forcée de la contrebande. Triple erreur, vous serez obligés de garder toute votre armée fiscale, de l'augmenter même, car c'est la circulation qui exige le plus d'employés ; en outre, c'est sur la circulation que la fraude est le plus active, on l'évalue à $\frac{2}{3}$; que sera-ce maintenant que vous triplez les droits ? Quant à décréter l'abolition de la fraude, y songez-vous quand vous lui offrez une prime trois fois plus forte ? Nous y reviendrons.

Ainsi, vous perdrez la moitié de l'impôt ; les frais de perception déjà scandaleux de 20 % monteront à 40 % ; comme disait Napoléon, il vous restera une machine fiscale qui coûtera beaucoup sans rien produire. Continuons : le droit de consommation sera payable à l'enlèvement des boissons ou à leur arrivée à destination ; c'est-à-dire que les débitants seront condamnés à payer d'avance le droit sur les vins dont ils ne recouvreront souvent le prix qu'au bout de plusieurs années, tandis que le premier principe des impôts de consommation est de porter uniquement sur la valeur consommée. Aussi avez-vous soin d'ajouter : les débitants de boissons qui voudraient n'acquitter le droit de consommation qu'après la vente, pourront obtenir l'entrepôt. Eh bien, soyez certains que les marchands seront les premiers à vous demander de cette façon l'exercice ; singulière réforme, qui oblige de recourir à l'abus qu'elle vient de réformer.

Parlons maintenant de l'impôt proportionnel proposé. Sous certain point de vue, rien de plus juste que le vin du pauvre ne paye pas 100 p. °|₀ de sa valeur, tandis que celui du riche ne paye que 10 p. °|₀. Mais d'abord, y a-t-il un vin du riche? Le vin est-il aristocrate? L'honnête ouvrier est-il un privilégié parce qu'il se régale d'une bouteille de Bordeaux ; et sacrifierez-vous les femmes et les malades? Ne mettez pas d'impôt, et l'iniquité à laquelle vous voulez remédier n'existera plus. Comme tous les impôts de luxe, celui-ci rapportera très-peu, même avec des droits énormes ; il arrêtera la consommation, il dépouillera les propriétaires des meilleurs vignobles de la moitié de leur fortune. Où l'établirez-vous? Au seul octroi? La consommation de luxe quittera vos villes pour les campagnes privilégiées, vous chassez les étrangers de Paris. Comment empêcher la contrebande dans toute la France sur une si haute valeur? Vous venez de supprimer le droit de détail et l'exercice qui, seul, rendait possible l'impôt proportionnel, et vous voulez le rétablir ; chimère !

Examinons les moyens : mettrez-vous un droit à la

première vente, garanti par un inventaire après la récolte? Voilà l'exercice que vous venez d'abolir pour
trois cent mille débitants, frappant deux millions de
propriétaires; voilà des estimations, des vérifications
embrouillées, une armée d'employés, de dégustateurs,
la fraude et la corruption, l'impôt exigé d'avance, et
pesant aussi bien sur le vin exporté. Ce procédé, abandonné en 1804, est un véritable impôt direct pesant
sur la quantité, souvent le contraire du revenu. Que
serait-ce si le droit, au lieu d'être unique, était proportionnel?

L'inventaire n'aura-t-il lieu que pour garantir les
acquits-à-caution? Alors on aura les avantages réunis
de l'inventaire et de la circulation.

Mais, malgré l'injustice, je suppose que vous n'éta-
blissiez l'impôt proportionnel qu'aux octrois. Vous allez
avoir une armée de dégustateurs avec droit de préemp-
tion; quelle source d'abus, de longueurs, d'entraves!
Et comment pourrez-vous accuser ces employés de
s'être laissé corrompre? Aux douanes des frontières,
les objets taxés sont palpables, mais le goût est quelque chose d'immatériel. Comment ferez-vous pour les
bouteilles cachetées? D'ailleurs, l'on vous dira bien le
cru; mais comment préciser la qualité et la valeur d'un
vin troublé par le voyage? L'énormité des droits don-
nera une prime à la corruption, à la fraude, aux falsifications dont vous vous plaignez; en vain direz-vous
(voir le *Moniteur* du 1er avril): Le Gouvernement
donne aux citoyens une haute preuve de confiance, il
a le droit d'exiger un concours loyal; je vous propose

2

en conséquence de décréter qu'à l'avenir la fraude; en ce qui concerne les boissons, sera assimilée au vol et punie des mêmes peines. Rare innocence d'un Ministre novice ! Vous imaginez-vous donc pouvoir décréter l'infamie au gré de vos caprices ; cessez de vous plaindre de la fraude, quand c'est vous qui l'encouragez: ne pensez pas, malgré votre bon plaisir, que l'opinion condamne jamais à outrance celui qui ne fait que reprendre son bien aux voleurs fiscaux, celui qui réclame avec raison le droit d'échanger pour sa juste valeur le produit de son travail. Écoutons là-dessus Montesquieu : Lorsque sur une denrée on met un droit excessif, la fraude étant, dans ce cas, très-lucrative, la peine naturelle, celle que la raison demande, qui est la confiscation de la marchandise, devient incapable de l'arrêter. Il faut donc avoir recours à des peines extravagantes et pareilles à celles que l'on inflige pour les plus grands crimes. Toute la proportion des peines est ôtée. Des gens qu'on ne saurait regarder comme des hommes méchants, sont punis comme des scélérats, ce qui est la chose du monde la plus contraire à l'esprit du gouvernement modéré. J'ajoute que plus on donne au peuple l'occasion de frauder le traitant, plus on enrichit on celui-ci, et appauvrit celui-là. Pour arrêter la fraude, il faut donner au traitant des moyens de vexation extraordinaire, et tout est perdu alors.

Est-ce ainsi, en obligeant à plus de fraude encore et de falsifications, en gardant des octrois énormes, qu'on espère remédier à la dépréciation des vins ? Ne sait-on pas qu'il se fabrique 4 ou 5 millions d'hectolitres de vin en France; que Paris surtout, qui par son capital et ses commandes établit le prix des vignobles, les oblige à livrer leurs produits pour rien, sans qu'ils puissent encore lutter avec les falsifications, affranchies du voyage, de l'entrée, de l'octroi, etc. Veut-on condamner la France à ne boire jamais que du vin frelaté?

Cessons donc de songer à la chimère de l'impôt proportionnel, qui serait la ruine des bons vignobles; on cultiverait pour la quantité et non plus pour la qualité; on rechercherait les ceps grossiers, on employerait force engrais; cet impôt serait une prime au mauvais vin comme à la fraude; il anéantirait les vignobles délicats, plantés si heureusement, comme disait Young, dans les sables, graviers, coteaux et rochers, terrains qui, dépouillés de leurs vignes, resteraient improductifs, et ne payeraient plus même à l'État l'impôt foncier. Quel capital perdu pour la France!

Frapperait-on les vins à exporter, c'est perdre 100 millions d'exportation; les laisserait-on libres, alors il faudrait qu'un français aille à Londres ou à Bruxelles pour prendre du Bordeaux à un prix abordable? Ne vaut-il pas mieux que le vin soit entièrement libre à Paris, où il attirera les étrangers par l'appât de la bonne chère. Au lieu de 300,000 étrangers vous en aurez 600,000 répandant 150 millions de plus dans la capitale. Cela vaudrait bien l'octroi.

Plus on examine l'impôt indirect, moins on voit comment sortir de ce dédale d'impossibilités. Le pouvoir actuel flétrit tous les abus de l'exercice et du détail; d'autres non moins compétents voulaient les conserver et s'acharnaient sur l'entrée et la circulation, mais il n'est personne qui ait pu réussir à nous délivrer des liens du fisc nécessaires à cet impôt, et il faut reconnaître avec M. Beugnot, que l'exercice est la condition très-dure assurément, mais indispensable pour recouvrer les taxes de consommation. Si bien qu'il n'y a pas de milieu entre ruiner l'impôt et ruiner la France; le choix devrait être fait depuis longtemps.

Qu'ont proposé les esprits les plus éminents? L'exercice pour sauver le détail, qui est un impôt proportionnel ; comme complément, un droit de consommation directe, basé sur la moyenne du droit de détail dans la localité; plus d'entrée ni de circulation. Ce système, le plus juste et le plus savant n'a que le tort de ramener à toutes les anciennes vexations qu'on vient d'abolir.

Trente millions de droits d'entrée, 15 millions d'abonnements forcés. Entrée injuste, abonnements encore plus injustes.

En 1824, on essaya un droit égal de circulation, mais il prêtait trop à la fraude dans un pays de vignobles. Ainsi, le droit de circulation et celui de consommation sont condamnés au néant.

Un droit de 10 °|o de la valeur sur tous les vins; il faudrait exercer toute la France;

Une taxe de répartitions entre débitants. Mais l'abonnement et la licence sont reconnus comme moins vexatoires, mais plus arbitraires que l'exercice. Et l'abonnement devrait sans cesse varier comme les facultés du commerçant.

Mettrez-vous tout uniment l'impôt sur la vigne comme surtaxe unique à l'impôt foncier. Ce système est le plus rationnel et le seul qui ne froisse pas la liberté du commerce ; mais il est inexécutable ; le propriétaire aurait à payer parfois 1,000 fr. sur un hectare, deux ou trois ans avant d'avoir encaissé le prix de ses vins et souvent même sans avoir rien récolté.

Comme on le voit, l'impôt indirect, tout au profit de l'aristocratie, se conçoit chez les Anglais qui ne frappent ainsi qu'une denrée exotique facile à atteindre. Aussi les frais de leur taxe ne sont-ils que de 5 °|₀, tandis que les nôtres sont de 20 °|₀ et bientôt de 40 °|₀

Rien ne peut donc remédier au vice secret de l'impôt indirect ; partout mensonge, violence, rapine et corruption. Cet impôt ne frappe rien ou frappe le pauvre. Depuis 40 ans, les esprits les plus ingénieux se sont épuisés à combiner les quatre modes de perception, et comme l'on dit, à plumer la poule sans la faire crier ; ils ont seulement réussi à prouver que l'exercice était encore plus vexatoire qu'injuste, et l'entrée plus injuste que vexatoire ; que, de leur côté, la circulation et la consommation réunissaient au même degré l'injustice et la vexation. Enfin, ils ont été unanimes à déclarer qu'il n'y avait pas de perception fructueuse possible sans l'exercice, soit chez le producteur, soit chez le débitant. Il n'y a donc pas d'autre remède que l'entier abandon de cet impôt à la fois illégal, coûteux, impolitique, immoral, blessant la liberté, la franchise du caractère français, semant la haine, le désordre, le vice et la misère dans le pays, portant un coup mortel au salaire et par suite à la production. Il faut donc renoncer à organiser l'iniquité, il faut laisser à la plus belle production du pays la libre circulation, la liberté qui est la vie.

Lorsqu'il est si évident que l'impôt illégal est la cause de la ruine des vinicoles, comment comprendre que certains esprits leur reprochent de trop produire? trop produire! un objet de première nécessité! La production de la France est de 40 millions d'hectolitres par an; retranchez 6 millions pour déchets, 6 millions pour eau-de-vie, 1 million pour exportation, il reste 27 millions d'hectolitres de vin, c'est-à-dire 75 litres par tête; donc la France devrait produire 100 millions d'hectolitres. Mais comment voulez-vous que l'ouvrier boive du vin à 10 et 15 sous la bouteille; aussi les sept-huitièmes des français s'en passent; quand ils pourront l'avoir à un ou deux sous, tous en boiront.

D'ailleurs, n'aurions-nous pas droit de compter sur une immense exportation si tous les traités de commerce n'avaient pas été faits contre nous. Sous Louis XIV, les Anglais buvaient quinze fois plus de nos vins; aujourd'hui un anglais boit par an quatre litres d'esprits; un irlandais, 7 litres; un écossais, 12 litres, et ils ne boivent que $1\frac{1}{2}$ litre de vin dont $\frac{7}{100}$ de vin français? d'autres boivent du laudanum, comme à Lille, qui nous traite à la façon anglaise; on s'y abrutit de genièvre.

A quoi devons-nous cet abandon de nos vins, au déplorable régime douanier, et surtout aux iniquités de l'impôt; il double, il triple les prix, si bien que les mauvais vins peuvent seuls être à la portée du consommateur ; de plus la fraude et la falsification établissent des prix impossibles, découragent les vinicoles honnêtes et les obligent à ne cultiver que les vins communs pour descendre au cours du jour. Est-il étonnant que nos vins se soient dépréciés à l'étranger, que nous ayons perdu d'immenses débouchés, que partout s'élèvent des vignes rivales, en Espagne, en Portugal, au Cap, en Hongrie, en Bavière, sur le Rhin, en Suisse, en Sicile, en Italie, au Mexique, en Australie ? Il serait temps, pour l'honneur de la France, de veiller à ce que ses expéditions à l'étranger ne déshonorent et n'anéantissent son commerce.

Bientôt le vin le meilleur du monde en deviendra le pire, et sera sans renommée. Le commerce des vins, esclave des injures du fisc, est abandonné de tous les capitalistes qui autrefois se livraient à leurs soins et les revendaient lorsqu'ils avaient atteint leur perfection. Aujourd'hui les vins délicats sont livrés par les propriétaires ruinés pour une consommation immédiate et confondus avec les vins grossiers, parce qu'ils ne sont pas encore arrivés à leur supériorité. N'obtenant pas le prix qu'ils ne devraient qu'à la réserve des années, ils ne sauraient lutter avec ceux-ci, vins de plaine cultivés à la charrue et donnant 60 hectolitres à l'hectare, tandis que les vins fins des coteaux pierreux n'en produisent que 15. Si ces vins fins ne sont pas mieux vendus que les premiers, ils ne payeront pas même les frais de récolte ; ces vignes seront abandonnées, ces vignes plantées dans des sables et rochers improductifs d'ailleurs ; un capital de plusieurs milliards aura disparu ; la France sera condamnée aux vins insipides des plaines qui, ne pouvant se conserver, nous feront passer, selon les saisons, des prix les plus vils aux prix les plus élevés.

Peut-on s'étonner que nos vignes soient en perte, ou ne rapportent souvent que $1|2$ %; qu'elles soient dévorées par l'usure? Et cependant quel produit plus précieux que le vin? Il occasionne un immense mouvement d'argent, d'hommes, de chevaux, de bois ; sa main-d'œuvre est toujours sûre et non trompeuse comme celle des industries; il donne la vigueur, l'esprit et la santé. On peut dire que la ruine des vignes est la ruine de la France. C'était là notre seul produit sans concurrence étrangère ; la Suisse, l'Angleterre imitent nos soies, mais le Bordeaux et le Bourgogne n'ont pas leurs pareils dans le monde. Le vin lui seul peut rendre à la France une balance du commerce favorable.

Nous ne demandons pas de protection, nous ne demandons que justice. Soyez forts, nous disait le pouvoir déchu, et je serai pour vous ; à la république, nous n'avons besoin que de dire nous sommes opprimés.

Aux considérations de la richesse viennent se joindre celles plus graves encore de la morale. L'ivrognerie, ce vice des sauvages et des barbares se répand de plus en plus en France. A quoi l'attribuer? si ce n'est au fisc qui force l'ouvrier à la vie de cabaret. Là où le vin est inabordable, là vous verrez régner l'ivrognerie : l'indien se brûle d'eau-de-vie ; l'anglais de gin, et il paye 200 millions d'impôts pour les esprits seulement ; dans le Midi, au contraire, où le vin abonde, peu d'ivresse. Les grands ivrognes sont dans les villes où le vin est le plus cher ; et où ils se ruent aux barrières ; là, le malheureux travailleur, privé longtemps du vin nécessaire à ses forces, se livre avec frénésie à une boisson dont il n'a pas l'habitude, et qui au lieu de lui être bienfaisante lui devient mortelle. Là aussi, faute de vin, il s'adonne à l'eau-de-vie, qui finit par l'abrutir et le tuer, ou bien il s'empoisonne avec des breuvages équivoques cent fois plus dangereux que le vin naturel. Les cabarets deviennent ainsi une école de paresse, de débauche, d'escroquerie et de vol, où se recrutent les adeptes du bagne, où les jeunes filles apprennent le libertinage, les enfants une perversion précoce. Le buveur finit par perdre le goût du travail, la santé et la raison ; un neuvième des fous le sont par excès de boisson. Ainsi fainéantise, imprévoyance, misère, immoralité, voilà les fruits du cabaret.

Veut-on savoir ce que le cabaret coûte à la France ? 6 millions d'hectolitres de vin, pouvant valoir avec les frais 120 millions, s'y vendent, par suite d'accumulations de bénéfices, 360 millions pour donner au Trésor 50 millions ; c'est 200 p. % que perd l'ouvrier.

Le budget de l'ivrognerie serait effrayant ; il y a 300,000 débitants en France qui doivent gagner 300 millions ; il y a 200 millions pour l'impôt et la fraude, 100 millions pour les falsifications ; c'est 600 millions que le pauvre paye par an à l'hydre du fisc et du cabaret réunis pour le dévorer. Le cabaret est une cause de ruine certaine ; l'ivrogne qui mange vingt

sous en perd quarante, comme dit Jacques Bujault;
puisqu'il ne travaille pas. Combien d'ouvriers perdent
ainsi le lundi et le mardi de chaque semaine en usant
leur santé au lieu de se reposer! Calculez.

Laissons l'aristocratie anglaise spéculer sur l'imprévoyance, le vice et la misère; mais quant à nous met-
tons le vin à bas prix pour que le travailleur en fasse
usage et non abus; pour moitié moins, il consommera
le double, ce qui lui coûte six sous ne lui coûtera plus
qu'un sou. Il boira tous les jours son litre de vin hon-
nêtement, dans sa famille, et ne songera même pas à
faire des excès sur ce qu'il a tous les jours. Quand le
vin sera à un prix minime, le moka le remplacera dans
les cabrrets, comme il a déjà fait dans les cafés; l'ouvrier voudra-t-il s'assembler avec ses amis, il boira du
café; le peuple deviendra monsieur, les messieurs ne
se soûlent pas, dit encore Jacques Bugault, et les
cabarets seront les salons des ouvriers.

Pour aider à cette réforme, il serait bon qu'on adop-
tât des mesures déjà prises dans certains pays; les dettes
de cabaret n'y sont point reconnues légales; l'individu
arrêté en état d'ivresse est mis à l'amende, ainsi que le
débitant qui a vendu à un homme déjà ivre ou à un
enfant.

Mais, diront quelques âmes charitables, si vous sup-
primez l'impôt, les employés vont se trouver déclassés,
ainsi que beaucoup de cabaretiers. Eh bien! les premiers voitureront nos vins au lieu de les arrêter, et les
seconds, au lieu de faire du vin avec de l'eau en feront
tout uniment comme nous avec du raisin.

C'est au vin que l'ouvrier et le soldat, ces deux gloires de la France, doivent, le premier son génie, et lesecond son élan irrésistible; le vin est nécessaire aux paysans et aux troupes pour remédier à leur nourriture lourde et uniforme; le vin fortifie et nourrit; il corrige les mauvais effets de l'air, de l'eau malsaine, il préserve des fièvres de marais si fréquentes en France. Il donne l'énergie et l'activité, il anime la pensée et la vie. Pourquoi repousser cet heureux don de la nature qui fait l'envie des nations? Mais c'est surtout aux travailleurs que le vin est nécessaire; on a reconnu qu'il donnait une plus value d'un cinquième au travail de l'ouvrier. Ayons le vin à bon marché, et l'industrie anglaise est vaincue, et nous ne craignons plus aucune concurrence. Au lieu de cela, que voyons nous : l'ouvrier de Paris qui veut boire du vin, paye 75 fr. au fisc, avec sa famille 200 fr. Quel désavantage pour la force productive du pays! 200 fr. de plus dans une famille, mais c'est l'aisance. L'ouvrier ruiné n'achète plus ni la viande de l'agriculteur, ni les objets manufacturés du Nord, toutes les industries en souffrent. Si la république entend ses intérêts, nous avons 20 millions d'hectolitres de vin à 7 fr. 50 c. pour la régénération industrielle et sociale de la France.

L'assiette de l'impôt doit être complètement remaniée; est-ce à nous à indiquer comment l'Etat peut remplacer la taxe sur les vins? Qu'il nous suffise d'avoir prouvé qu'elle est la plus inique et la plus désastreuse qui puisse exister. Espérons d'ailleurs que la France ne sera pas condamnée à perpétuité à un budget de 1700 millions. Avec 4 millions de gardes nationaux, une fois les affaires d'Europe réglées, on pourra réduire les 400 mille soldats et les 500 millions de la guerre; on réduira, sans doute, l'armée encore plus coûteuse et aussi improductive de la bureaucratie; nous ne nous soucions plus de payer les sinécures des fainéants et de sintrigants de Paris. S'il faut encore des taxes, le vin en cèdera le privilége aux denrées exotiques, sucre, café, riz, thé, coton. Le ministère a d'ailleurs indiqué de nouvelles ressources : l'impôt sur le revenu, sur les héritages collatéraux, l'exploitation par l'Etat des assurances, des chemins de fer, des mines, etc.

Il s'agit de l'avenir du pays; il est bon d'avertir notre gouvernement pendant qu'il est jeune et généreux. C'est l'oppression des vignobles, soit sur le Rhin allemand, soit dans le Midi, qui, en 1815, a déterminé la chute de Napoléon; la Restauration a commis la même faute; enfin, c'est la misère qui surtout a renversé si soudainement le trône de Louis-Philippe. Le pouvoir déchu, accaparé par les monopoleurs de la haute banque, poussait la France, bourgeois et ouvriers, dans l'impasse des industries fallacieuses, équivoques et fragiles; une catastrophe devait arriver. Aujourd'hui, on le reconnaît, c'est vers l'agriculture qu'il faut concentrer les forces vives de la nation, les intelligences et les bras. Le pouvoir comprendra-t-il l'immense source de richesse naturelle qui s'offre à lui et qui seule peut sauver la France de l'abîme où la crise sociale la précipite. Chez nous l'ouvrier ne sera pas assujetti au labeur abrutissant et malsain des fabriques, à la merci des chômages et des fluctuations du commerce ; toujours esclave de l'atelier. Vivant dans un air pur, dans un milieu moral, s'il est laborieux il deviendra bientôt son maître, il sera petit vigneron, il exploitera pour son compte. La vigne est une culture éminemment démocratique, où l'ordre et le travail reçoivent leur juste récompense. C'est la plus grande richesse agricole, puisqu'un hectare de vigne rapporte en moyenne 40 fr., tandis qu'un hectare de blé ne rapporte que 30 fr., et un hectare de bois, 20 fr. (1).

Le système industriel, enfant gâté des monarchies déchues les a tuées ; mais le vin relèvera la France que l'industrie a ruinée.

Quant à nous, sacrifiés depuis 40 ans, et toujours citoyens dévoués à la patrie, nous n'emploierons pas la menace, mais nous le dirons hautement, quoique à regret, si justice ne nous est pas faite, si nos vins ne sont pas entièrement libres, NOUS NE POURRONS PLUS PAYER LES IMPOTS.

Que si, au contraire, le pouvoir comprend l'intérêt de tous, nous voyons s'ouvrir une carrière indéfinie de prospérité ; nos bons crus, recherchés et soignés par la spéculation, redeviendront la gloire de la France ; tout le monde pouvant spéculer sur les vins, les prix se nivelleront partout ; le propriétaire cèdera à son ami et voisin l'ouvrier, la bouteille de vin au prix de re-

----

(1) Si nous établissons nos chiffres pour le département de l'Hérault, nous obtiendrons une différence bien plus grande encore.

vient en gros ; l'on ne connaîtra plus les hausses ni les baisses désastreuses, les bons vins vieilliront dans les caves des marchands, le commerce sera entrepris par des mains habiles et honnêtes. Bientôt les chemins de fer qui relieront les peuples et la fraternité qui doit les unir encore davantage, amèneront parmi nous une foule d'étrangers qui, séduits par les produits les plus délicats de nos vignobles, en emporteront chez eux l'habitude et en répandront partout l'heureuse contagion, ce qui nous ouvrira d'immenses débouchés. Les falsifications seront devenues infructueuses et impossibles quand la bouteille de vin sera à deux ou trois sous, et que la foule aura contracté le goût des vins naturels ; et à vrai dire, c'est là le seul moyen de détruire la falsification, car il est impossible à la science de la prouver et d'estimer la quantité d'alcool que doit contenir un vin, si bien même que l'opération du vinage est légale. La liberté, voilà le seul remède à cet empoisonnement qui vicie le sang des nouvelles générations. Enfin, partout le travail répandu dans nos champs, les coteaux arides, qui déboisés causent aujourd'hui les inondations, recouverts en partie de vignes, des sables des landes, stériles jusqu'ici, donnant des produits savoureux.

Telles sont nos espérances si la république veut pratiquer à notre égard sa triple devise, la liberté en nous délivrant des chaînes du fisc, l'égalité en permettant au pauvre l'usage d'une boisson indispensable, la fraternité en traitant les vinicoles sur le pied des autres producteurs français, et en ne les condamnant pas à une ruine inévitable.

Nous allons donner un aperçu des avantages que retirerait la France de la suppression de l'impôt :

1º Aujourd'hni le produit des vignes est estimé 500 millions ; en 1789, il était de 900 millions. Avec un régime libre, l'augmentation, et la progression naturelle qu'ont reçues toutes les autres denrées, il devrait être aujourd'hui de 1500 millions ;

2º Budget du fisc du cabaret, de la fraude et des falsifications ;

3º Trois millions de travailleurs perdant à boire le lundi et le mardi, soit 100 jours dans l'année à 1 f. 50 c. ;

4º Habitude de fainéantise, désordre les suivant dans toute leur carrière ;

5º Secours au paupérisme, mendiants ;

6º Coups, maladies par suite d'excès ou de breuvages falsifiés, procès, prisons, hôpitaux, bagnes, armée de la police et des juges augmentés par suite de l'ivrognerie ;

7º Cent mille cabaretiers déclassés et vingt mille employés devenus producteurs ;

8º Dix millions de travailleurs, dont l'usage du vin accroîtra le travail de un cinquième, soit 50 journées de travail à 1 fr. 50 c. ou 75 fr. par an ;

9º Étrangers attirés en France par la renommée de nos vins et l'attrait de la bonne chère ;

10º Énergie, puissance, activité, esprit d'invention que l'usage du vin donnerait à tous les Français.

On peut l'évaluer à 3,000,000,000 fr.

Rabattez tant que vous voudrez, et dites-moi si ce résultat ne compense pas amplement les 100 millions que perdra le Trésor?

Notre cause ne peut être perdue ; elle est la cause de tous, surtout la cause de la nation aujourd'hui le seul souverain. Nous ne pouvons croire que la République puisse être, ainsi que la charte, un mensonge. Depuis 40 ans, nous crions justice, justice ! mais si la justice a, comme la vengeance, le pied boiteux; enfin elle arrive.

Nous finirons en répétant : L'IMPÔT INDIRECT EST LA RUINE DES VIGNES, ET LA RUINE DES VIGNES C'EST LA RUINE DE LA FRANCE.

FIN.

www.ingramcontent.com/pod-product-compliance
Ingram Content Group UK Ltd.
Pitfield, Milton Keynes, MK11 3LW, UK
UKHW022357120726
13694UKWH00005B/1925